El Camino a la Riqueza

Escrito

por

Benjamin Franklin

Publicado

por

Motmot.org

Contenidos

"No cambies la salud por la riqueza, ni la libertad por el poder."

—Benjamin Franklin

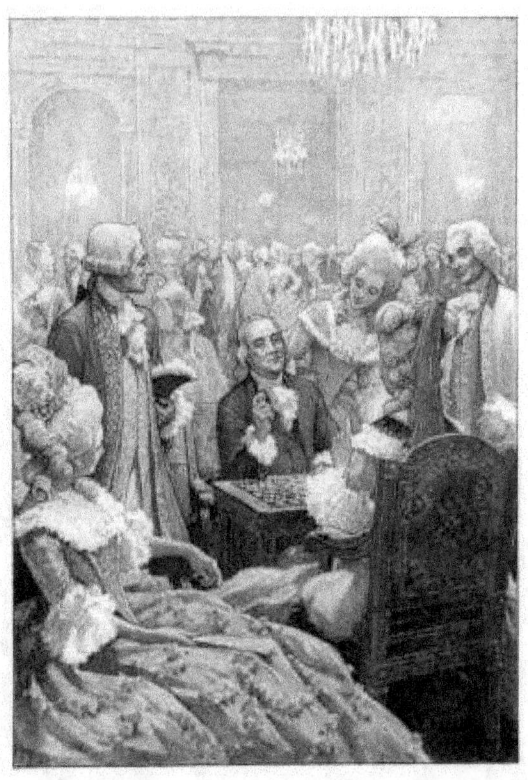

Por lo tanto, Benjamin Franklin, conocido como el doctor, fue invitado a todas las fiestas de la corte. En ellas, a veces se encontraba con la antigua duquesa de Borbón, que, al ser una buena ajedrecista, solía ser su compañera de juego. En una ocasión, el Doctor puso su rey en jaque y lo tomó. —Ah—dijo ella—, nosotros no tomamos los reyes así. —En América sí lo hacemos—, dijo el doctor.

—Thomas JEFFERSON

Benjamin Franklin

De un grabado de J. Thomson a partir del
cuadro original de J. A. Duplessis.

Escudo de Armas de Benjamin Franklin

El Sello de Benjamin Franklin

La Biografía de Benjamin Franklin

Benjamin Franklin (Boston, 17 de enero de 1706 - Filadelfia, 17 de abril de 1790) fue un político, polímata, científico e inventor estadounidense. Se le considera uno de los Padres Fundadores de los Estados Unidos.

Como primer embajador de EE.UU. en Francia, ejemplificó la incipiente nación estadounidense. Franklin desempeñó un papel decisivo en la definición del ethos estadounidense como una unión de los valores prácticos del ahorro, el trabajo duro, la educación, el espíritu comunitario, las instituciones de autogobierno y la oposición al autoritarismo político y religioso con los valores científicos y tolerantes de la Ilustración. En palabras del historiador Henry Steele Commager, "en Franklin se podían fundir las virtudes del puritanismo sin sus defectos, la magnitud de la Ilustración sin su calidez". Para Walter Isaacson, esto convierte a Franklin en "el estadounidense más consumado de su época y el más influyente en la invención del tipo de sociedad en que se convertiría Estados Unidos".

Franklin se convirtió en un exitoso editor de periódicos e impresor en Filadelfia, la principal ciudad de las colonias, publicando la ("Pennsylvania Gazette") a los 23 años. Después de 1767, se asoció con el "Pennsylvania Chronicle", un periódico conocido por sus sentimientos revolucionarios y sus críticas a la política británica. Se enriqueció publicando este periódico y el almanaque llamado "Poor Richard's Almanac", del que era autor bajo el seudónimo de Richard Saunders.

Organizó y fue el primer secretario de la Sociedad Filosófica Americana y fue elegido presidente en 1769. Franklin se convirtió en un héroe nacional en América como agente de varias colonias cuando dirigió un esfuerzo en Londres para que el Parlamento británico revocara la impopular Ley del Timbre. Diplomático consumado, fue muy admirado por los franceses como ministro en París y fue una figura importante en el desarrollo de las relaciones positivas franco-americanas. Sus esfuerzos resultaron vitales para la Revolución Americana al conseguir envíos cruciales de municiones desde Francia.

Fue ascendido a director general de correos para las colonias británicas en 1753, tras haber sido director de correos de Filadelfia durante muchos años, lo que le permitió establecer la primera red nacional de comunicaciones. Durante la Revolución, se convirtió en el primer director general de correos de los Estados Unidos. Participó activamente en asuntos comunitarios, en la política colonial y estatal, y en asuntos nacionales e internacionales. De 1785 a 1788, fue gobernador de Pensilvania. Al principio poseía y trataba con personas esclavizadas, pero a partir de la década de 1750 se opuso a la esclavitud desde una perspectiva económica y se convirtió en uno de los abolicionistas más destacados.

El Legado de Benjamin Franklin

Su pintoresca vida y su legado de logros científicos y políticos, así como su condición de uno de los Padres Fundadores más influyentes de Estados Unidos, han hecho que Franklin sea honrado más de dos siglos después de su muerte. Aparece en la moneda, en el billete de 100 dólares, en barcos de guerra, en los nombres de muchas ciudades, instituciones educativas y corporaciones, y en innumerables referencias culturales.

Benjamin Franklin fue un destacado autor, impresor, político, masón, administrador de correos, científico, inventor, humorista, activista cívico, estadista y diplomático. Como científico, fue una figura importante en la Ilustración estadounidense y en la historia de la física por sus descubrimientos y teorías sobre la electricidad. Inventó el pararrayos, los bifocales y la estufa Franklin, entre otras cosas. Fundó muchas organizaciones cívicas, como la Compañía de Bibliotecas, el primer cuerpo de bomberos de Filadelfia y la Universidad de Pensilvania. Franklin se ganó el título de "El Primer Americano" por su temprana e infatigable campaña a favor de la unidad colonial; como autor y portavoz en Londres de varias colonias, y luego como primer embajador de Estados Unidos en Francia, ejemplificó la emergente nación americana.

La búsqueda del conocimiento y la experimentación durante toda su vida impulsaron la curiosidad científica de Franklin. Su trabajo sobre la electricidad fue fundamental para el desarrollo de la red eléctrica estadounidense, y el reconocimiento internacional que recibió ayudó a garantizar la financiación de futuras investigaciones científicas en Estados Unidos. La defensa de Franklin de la libertad de expresión, la tolerancia religiosa y la investigación científica ayudó a establecer el tono de la Ilustración estadounidense. Su Almanaque del Pobre Ricardo, publicado de 1732 a 1758, estaba lleno de proverbios que ensalzaban las virtudes de la industria y la frugalidad.

La importancia de Franklin en los primeros tiempos de Estados Unidos se debió principalmente a su incansable labor como diplomático. Ayudó a conseguir el apoyo francés a la Revolución Americana y más tarde fue el primer embajador de Estados Unidos en Francia. También desempeñó un papel crucial en la negociación del Tratado de París, que puso fin a la Guerra de la Independencia.

El legado de Franklin va más allá de sus numerosos logros. También se le recuerda por su ingenio y humor. Su famosa lista de "Las 13 Virtudes de Franklin", que elaboró de joven, incluye elementos como "Silencio", "Orden" y "Humildad". El legado de Franklin sigue inspirando a la gente de todo el mundo a perseguir el conocimiento, ser industrioso y ayudar a los demás.

En total, Benjamin Franklin escribió o coescribió aproximadamente 30 libros. Entre estos libros se encuentran "El Camino a la Riqueza", "La Autobiografía de Benjamin Franklin" y "El Perfeccionista Moral".

Sobre el Almanaque del pobre Richard

Los Almanaques del Pobre Ricardo fueron una colección de almanaques o panfletos que Benjamin Franklin empezó a publicar en 1732, a la edad de 20 años, bajo el seudónimo de "Richard Saunders", el nombre de un anciano que Franklin conoció mientras era aprendiz de impresor. La imprenta tuvo éxito; cada tirada anual vendía entre diez y quince mil ejemplares.

En 1758, después de que Franklin hubiera alcanzado fama internacional como científico y diplomático, anunció que la edición de 1758 sería la última.

Aunque inicialmente se publicó en las colonias americanas, el Almanaque del Pobre Ricardo también fue famoso en Inglaterra. El amigo de Franklin, el poeta y ensayista inglés Joseph Addison, escribió en The Spectator que el almanaque era "la mejor de todas las producciones americanas".

El contenido del almanaque era variado. Franklin incluía cada año artículos sobre ciencia, agricultura, salud y clima. También publicó aforismos, poemas y ensayos breves, todo ello bajo el nombre de "Pobre Ricardo".

En el prefacio de la edición de 1758, Franklin escribió que pretendía "exponer verdades útiles de la manera más suave e inofensiva". Franklin acompañó muchos de los almanaques con una ilustración.

La más famosa de estas ilustraciones es la serpiente "Únete o muere", que fue utilizada como grito de guerra por los colonos americanos durante la Guerra de la Independencia.

El Almanaque del Pobre Ricardo fue tan popular que dio lugar a imitaciones y parodias. Una de las más famosas es "El almanaque del pobre Robin", publicado en Inglaterra.

Además de su popularidad, el Almanaque del Pobre Ricardo es importante por su influencia en el inglés americano. Muchos de los dichos de Franklin, como "Temprano a la cama, temprano a la mañana", "Un penique ahorrado es un penique ganado" y "Dios ayuda a los que se ayudan a sí mismos", han pasado a formar parte del léxico estadounidense.

El Camino a la Riqueza

Cortés lector,

Juzga, pues, cuánto me habrá gratificado un incidente. Voy a relatarlo. He oído que nada da tanto placer a un autor como encontrar sus obras citadas respetuosamente por otros. Hace poco detuve mi caballo en un lugar donde se reunía un número importante de personas en una subasta de bienes de comerciantes. Al no haber llegado la hora de la venta, estaban conversando sobre la maldad de los tiempos, y uno de los presentes llamó a un anciano sencillo, limpio y con mechones blancos:

—Oiga, padre Abraham, ¿qué opina de los tiempos? ¿No arruinarán esos pesados impuestos al país? ¿Cómo podremos pagarlos?

El padre Abraham se levantó y contestó: —Si queréis mi consejo, os lo daré en pocas palabras, pues basta con una palabra de sabiduría, como dice el pobre Ricardo.

Le pidieron que dijera lo que pensaba y se reunieron a su alrededor. Procedió de la siguiente manera:

—Amigos —dijo—, los impuestos son ciertamente gravosos; y, si los que nos impone el gobierno fueran los únicos que tuviéramos que pagar, podríamos pagarlos más fácilmente; pero tenemos muchos otros, y mucho más gravosos para algunos de nosotros. Estamos gravados dos veces por nuestra ociosidad, tres veces por nuestro orgullo y cuatro veces por nuestra insensatez. Los comisarios no pueden librarnos de estos impuestos permitiendo una rebaja. Sin embargo, escuchemos los buenos consejos y podremos hacer algo; Dios ayuda a los que se ayudan a sí mismos, como dice el pobre Ricardo.

» Se pensaría que un gobierno brutal debería gravar a su pueblo con una décima parte de su tiempo para trabajar a su servicio: pero la pereza grava a muchos de nosotros mucho más; la pereza, al provocar enfermedades, acorta absolutamente la vida.

» La pereza, como el óxido, consume más rápido de lo que el trabajo desgasta, mientras que la llave usada es siempre brillante", dice el pobre Ricardo.-

» Pero, ¿amas la vida? entonces no malgastes el tiempo, pues de eso está hecha la vida, como dice el pobre Ricardo.- ¡Cuánto más de lo necesario gastamos en dormir! Olvidando que "el zorro dormido no caza aves de corral, y que habrá suficiente sueño en la tumba", como dice el pobre Ricardo.

I.

—Si el tiempo es, de todas las cosas, la más preciada, perder el tiempo debe ser, como dice el pobre Ricardo, "la mayor prodigalidad", ya que, como nos dice en otra parte, "el tiempo perdido nunca se vuelve a encontrar; y lo que llamamos tiempo suficiente, siempre resulta ser poco". Levantémonos, pues, y trabajemos con propósito: así, mediante la diligencia, haremos más con menos perplejidad.

» La pereza hace todas las cosas difíciles, pero la laboriosidad todas fáciles; y el que se levanta tarde, debe trotar todo el día, y apenas alcanzará su negocio por la noche; mientras que la pereza viaja tan lentamente, que la pobreza pronto le alcanza. Conduce tu negocio, no dejes que te conduzca a ti; y acostarse temprano y levantarse temprano, hace a un hombre sano, rico y sabio, como dice el pobre Ricardo.

» ¿Qué significa entonces desear y esperar tiempos mejores? Podemos hacer que todos los tiempos sean mejores si nos esforzamos. La industria no necesita desear, y el que vive de la esperanza morirá en ayunas. No hay ganancias sin penas; entonces ayuda a las manos, porque no tengo tierras, o si las tengo, están elegantemente gravadas.

» El que tiene un oficio, tiene una hacienda; y el que tiene una vocación, tiene un oficio de provecho y honor, como dice el pobre Ricardo; pero entonces hay que trabajar en el oficio y seguir bien la vocación, o ni la hacienda ni el oficio nos permitirán pagar nuestros impuestos. Tampoco entrará el alguacil o el comisario, porque "la industria paga las deudas, mientras que la desesperación las aumenta". Aunque no hayas encontrado ningún tesoro, ni ningún pariente rico te haya dejado un legado. La diligencia es la madre de la buena suerte, y Dios lo da todo a la industria.

Entonces trabaja arduamente mientras los perezosos duermen, y tendrás maíz para vender y conservar.

» Trabaja hoy, pues no sabes los obstáculos que encontrarás mañana. "Un hoy vale más que dos mañanas", como dice el pobre Ricardo, y además: "Nunca dejes para mañana lo que puedas hacer hoy"; si fueras un siervo, ¿no te avergonzaría que un buen amo te sorprendiera ocioso? ¿Eres tú tu propio amo? Avergüénzate de pillarte ocioso cuando hay tanto que hacer por ti, por tu familia, por tu país y por tu rey. Maneja tus herramientas sin guantes: recuerda que "El gato con guantes no caza ratones", como dice el pobre Ricardo. Es cierto que hay mucho que hacer, y, tal vez, seas de mano débil: pero sigue con constancia, y verás grandes efectos; porque "el goteo constante desgasta las piedras; con diligencia y paciencia el ratón se comió en dos el cable, y con pequeños golpes cayeron grandes robles".

» Me parece oír a algunos de ustedes decir: "¿No debe un hombre permitirse ningún ocio?". Te diré, amigo mío, lo que dice el pobre Ricardo: "Emplea bien tu tiempo si quieres obtener ocio; y, ya que no estás seguro de un minuto, no desperdicies una hora". El ocio es tiempo para hacer algo útil; el hombre diligente obtendrá este ocio, pero el perezoso nunca. "Una vida de ocio y una vida de pereza son dos cosas. Muchos, sin trabajo, vivirían sólo de su ingenio, pero se rompen por falta de existencias", mientras que la industria da comodidad, abundancia y respeto. "Huye de los placeres, y ellos te seguirán. El hilandero diligente tiene un gran turno; ahora, yo tengo una oveja y una vaca. Todo el mundo me da los buenos días".

II.

—Pero junto la nuestra industria, debemos ser igualmente firmes, asentados y cuidadosos, y supervisar nuestros asuntos con nuestros propios ojos, y no confiar demasiado en los demás: porque, como dice el pobre Ricardo,

> "Nunca vi un árbol a menudo removido,
>
> ni una familia a menudo removida
>
> que haya prosperado tanto como los que se han establecido".

» Y otra vez: "Tres mudanzas son tan malas como un incendio", y otra vez: "Guarda tu tienda, y tu tienda te guardará a ti", y otra vez: "Si quieres que se hagan tus negocios, ve; si no, envía". Y otra vez,

> "El que por el arado quiere prosperar
>
> debe sujetar o conducir él mismo".

» Y de nuevo: "El ojo del maestro hará más trabajo que sus dos manos"; y de nuevo: "La falta de cuidado nos hace más daño que la falta de conocimiento"; y de nuevo: "No supervisar a los obreros es dejarles la cartera abierta".

» Confiar demasiado en el cuidado de otros es la ruina de muchos, pues "En los asuntos de este mundo, los hombres se salvan, no por la fe, sino por la falta de ella"; pero el cuidado de un hombre es provechoso, pues "Si quieres tener un siervo fiel, sírvete a ti mismo". Un pequeño descuido puede engendrar grandes males; por falta de un clavo, se perdió la herradura; por falta de una herradura, se perdió el caballo; y por falta de un caballo, se perdió el jinete; siendo alcanzado y muerto por el enemigo; todo por falta de un poco de cuidado sobre un clavo de herradura.

III.

—Tanto para la industria, amigos míos, como para la atención a los propios negocios, pero a esto debemos añadir la frugalidad si queremos que nuestra industria tenga un éxito más seguro. Un hombre puede, si no sabe cómo ahorrar a medida que obtiene, "mantener su nariz toda su vida en la piedra de afilar, y morir sin valer un gramo al final. Una cocina gorda hace un testamento flaco"; y,

> "Muchas haciendas se gastan en la obtención,
>
> desde que las mujeres, por el té, dejaron de hilar y
> tejer,
>
> y los hombres por el ponche dejaron de tallar y
> partir".

» Si quieres ser rico, piensa en ahorrar, además de en conseguir. Las Indias no han hecho rica a España porque sus salidas son mayores que sus ingresos.

Fuera Locuras Costosas

—Dejad, pues, vuestras costosas locuras, y no tendréis entonces tantos motivos para quejaros de los tiempos difíciles, de los pesados impuestos y de las familias que os cobran; porque,

"Mujeres y vino, juego y engaño,

hacen pequeña la riqueza y grande la carencia".

—Y además, "Lo que mantiene un vicio, criaría dos hijos". Tal vez pienses que un poco de té o un poco de ponche de vez en cuando, una dieta un poco más costosa, una ropa un poco más refinada y un poco de entretenimiento no pueden ser gran cosa; pero recuerda: "Muchos pequeños hacen un montón". Ten cuidado con los pequeños gastos; "Una pequeña fuga hundirá un gran barco", como dice el pobre Ricardo; y también: "Los que aman las delicadezas resultarán mendigos"; y "Los tontos hacen fiestas, y los sabios las comen". Aquí están todos reunidos para esta venta de galas y chucherías. Los llaman bienes, pero a algunos de ustedes les resultarán malos si no tienen cuidado. Esperen que se vendan a bajo precio, y tal vez lo hagan por menos de lo que cuestan; pero, si no tienen ocasión de utilizarlos, les resultarán caros.

—Recuerda lo que dice el pobre Ricardo: "Compra lo que no necesitas, y dentro de poco venderás tus necesidades". Y de nuevo: "Por un gran valor de penique, detente un tiempo": quiere decir que tal vez la baratura sea sólo aparente, y no real; o que las gangas, al ponerte en aprietos en tus negocios, puede hacerte más daño que bien. En otro lugar, dice: "Muchos se han arruinado por comprar buenas monedas de un centavo". Otra vez: "Es una tontería poner el dinero en una compra de arrepentimiento". Sin embargo, esta locura se practica todos los días en las subastas por falta de atención al almanaque. Por las galas de la espalda, muchos han ido con el vientre hambriento y han dejado a sus familias medio muertas de hambre; "Sedas y satenes, escarlatas y terciopelos, apagan el fuego de la cocina", como dice el pobre Ricardo. Por estas y otras extravagancias, la gente se ve reducida a la pobreza y se ve obligada a pedir prestado a aquellos a quienes antes despreciaba, pero que, por su laboriosidad y frugalidad, han mantenido su posición; en cuyo caso se ve claramente que "un labrador sobre sus piernas es más alto que un caballero sobre sus rodillas", como dice el pobre Ricardo. Tal vez les hayan dejado un pequeño patrimonio, del que no sabían cómo obtenerlo; piensan que "es el día y nunca será la noche"; que no vale la pena gastar un poco de tanto; pero "sacando siempre de la tina de la comida, y no poniendo nunca, pronto se llega al fondo", como dice el pobre Ricardo; y entonces, "cuando el pozo está seco, conocen el valor del agua". Pero podrían haberlo sabido si hubieran seguido su consejo. "Si queréis conocer el valor del dinero, id y tratad de pedirlo prestado; porque el que va a pedir prestado, se va a lamentar", como dice el Pobre Ricardo; y, en efecto, lo mismo hace el que presta a esa gente cuando va a recuperarlo. El pobre Dick aconseja además y dice

> "El orgullo de vestir es sin duda una gran maldición,
>
> Antes de consultar la fantasía, consulta tu cartera".

» Y también: "El orgullo es un mendigo tan ruidoso como la carencia, y mucho más sádico". Cuando has comprado una cosa bonita, debes comprar diez más, para que tu apariencia sea toda de una pieza; pero el pobre Dick dice: "Es más fácil suprimir el primer deseo que satisfacer todos los que le siguen". Y es una locura tan verdadera que el pobre imite al rico, como que la rana se hinche para igualar al buey.

> "Los barcos grandes pueden aventurarse más,
>
> Pero los barcos pequeños deben mantenerse cerca
> de la orilla".

» Y, después de todo, ¿de qué sirve este orgullo de la apariencia, por el que se arriesga tanto, se sufre tanto? Lo es. No puede promover la salud ni aliviar el dolor; no aumenta la persona, crea envidia y acelera la desgracia. Sin embargo, pronto se castigó la locura: pues, como dice el Pobre Ricardo, "El orgullo que cena en la vanidad, cena en el desprecio; el orgullo desayunó con la abundancia, cenó con la pobreza y cenó con la infamia".

» Pero, ¿qué locura debe ser endeudarse por estas superfluidades? Las condiciones de esta venta nos ofrecen seis meses de crédito; tal vez eso haya inducido a algunos de nosotros a asistir a ella porque no podemos prescindir del dinero listo y esperamos ahora estar bien sin él. Pero, ¡ah! piensa en lo que haces cuando te endeudas; das a otro poder sobre tu libertad. Si no puedes pagar en ese momento, te avergonzarás de ver a tu acreedor; tendrás miedo cuando hables con él; pondrás pobres excusas lamentables y solapadas y, poco a poco, llegarás a perder tu honestidad, y te hundirás en la mentira vil y descarada. Recuerda que "El segundo vicio es mentir, el primero es endeudarse", como dice el Pobre Ricardo; y de nuevo, con el mismo propósito, "La mentira cabalga sobre la espalda de la deuda": mientras que un inglés nacido libre no debería avergonzarse ni tener miedo de ver o hablar con ningún hombre vivo. Pero la pobreza priva a menudo a un hombre de todo espíritu y virtud. "Es difícil que una bolsa vacía se mantenga erguida". ¿Qué pensarías de ese príncipe, o de ese gobierno, que emitiera un edicto prohibiéndote vestir como un caballero o una dama, bajo pena de prisión o servidumbre? ¿No dirías que eres libre, que tienes derecho a vestirte como te plazca, y que un mandato semejante vulneraría tus privilegios y un gobierno tiránico? Y, sin embargo, ¡estás a punto de someterte a esa tiranía cuando te endeudas por ese vestido!

» Tu acreedor tiene autoridad, a su antojo, para privarte de tu libertad confinándote en la cárcel de por vida o vendiéndote como siervo si no puedes pagarle. Cuando tengas tu ganga, puede que pienses poco en el pago, pero, como dice el pobre Ricardo, "los acreedores tienen mejor memoria que los deudores; los acreedores son una secta supersticiosa, grandes observadores de los días y las horas fijas". El día llega antes de que te des cuenta, y la demanda se hace antes de que estés preparado para satisfacerla; o, si tienes en cuenta tu deuda, el plazo, que al principio parecía tan largo, a medida que disminuya, parecerá extremadamente corto: el tiempo parecerá haber añadido alas a sus talones, así como a sus hombros. Los que deben dinero para pagar en Pascua tienen una Cuaresma corta". En la actualidad, tal vez pienses que estás en circunstancias prósperas y que puedes soportar un poco de extravagancia sin perjuicio; pero

> "Por la edad y la necesidad, ahorra mientras puedas,
>
> Ningún sol de la mañana dura un día entero".

» La ganancia puede ser temporal e incierta; pero siempre, mientras vivas, el gasto es constante y seguro; y "Es más fácil construir dos chimeneas que mantener una con combustible", como dice el Pobre Ricardo: así que, "Es preferible ir a la cama sin cenar, que levantarse con deudas".

> Consigue lo que puedas, y lo que consigas mantenlo,

Es la piedra que convertirá todo tu plomo en oro.

» Y cuando hayas conseguido la piedra filosofal, ya no te quejarás de los malos tiempos ni de la dificultad para pagar los impuestos.

» Esta doctrina, amigos míos, es razón y sabiduría; pero, después de todo, no dependan demasiado de la industria, y frugalidad, y prudencia, aunque sean cosas extraordinarias; porque todas ellas pueden perderse sin la bendición del Cielo; y, por tanto, pidan esa bendición humildemente, y no sean poco caritativos con los que al presente parecen carecer de ella, sino consolarlos y ayudarlos. Job sufrió y después fue próspero.

» Y ahora, para concluir, "La experiencia es una buena escuela, pero los tontos no aprenderán en ninguna otra", como dice el pobre Ricardo, y apenas en esa; porque es cierto, "Podemos dar consejos, pero no podemos dar conducta". Sin embargo, recuerda esto: "Aquellos que no se dejan aconsejar no pueden ser ayudados", y además: "Si no escuchas a la Razón, seguramente te golpeará los nudillos", como dice el pobre Ricardo.

Así terminó su arenga el anciano caballero. La gente lo escuchó, aprobó la doctrina y practicó inmediatamente lo contrario, como si hubiera sido un sermón típico. Comenzaron a comprar extravagantemente.-Me di cuenta de que el buen hombre había estudiado a fondo mis almanaques y digerido todo lo que había soltado sobre esos temas en el curso de veinticinco años. La frecuente mención que hizo de mí debió cansar a cualquier otro; pero mi vanidad se deleitó maravillosamente con ello, aunque era consciente de que no era mía la décima parte de la sabiduría que me atribuía, sino las espigas que había hecho del sentido de todas las épocas y naciones. Sin embargo, resolví ser el mejor por sus palabras; aunque al principio había decidido comprar material para un nuevo abrigo, me fui y decidí utilizar mi viejo abrigo un poco más. Lector, si haces lo mismo, tu beneficio será tan grande como el mío.

"El genio sin instrucción es como la plata en la mina."

Citas Importantes de "El Camino a la Riqueza"

- "Estamos gravados dos veces por nuestra ociosidad, tres veces por nuestro orgullo y cuatro veces por nuestra insensatez. Los comisarios no pueden liberarnos de estos impuestos permitiendo una disminución".
- "La pereza, como el óxido, consume más rápido de lo que desgasta el trabajo, mientras que la llave usada es siempre brillante".
- "El zorro dormido no caza aves de corral, y habrá suficientes dormidos en la tumba".
- "Pero, ¿amas la vida? entonces no malgastes el tiempo, pues es la materia de la que está hecha la vida".
- "El tiempo perdido nunca se vuelve a encontrar; y lo que llamamos tiempo suficiente, siempre resulta ser poco".
- "La pereza hace todas las cosas difíciles, pero la industria todas fáciles".
- "Acostarse temprano y levantarse temprano, hace al hombre sano, rico y sabio".
- "Nunca dejes para mañana lo que puedes hacer hoy".
- "Para la edad y la necesidad ahorra mientras puedas, Ningún sol de la mañana dura un día entero".
- "La industria no necesita desear, y el que vive de la esperanza morirá en ayunas".

- "El que tiene un oficio, tiene un patrimonio; y el que tiene una vocación, tiene un oficio de provecho y honor".
- "Hay que trabajar en el oficio y seguir bien la vocación, o ni el patrimonio ni el oficio nos permitirán pagar nuestros impuestos".
- "En la casa del trabajador, el hambre mira, pero no se atreve a entrar".
- "Tampoco entrará el alguacil o el comisario, pues la industria paga las deudas, mientras que la desesperación las aumenta".
- "La diligencia es la madre de la buena suerte, y Dios lo da todo a la industria. Entonces ara profundamente mientras los perezosos duermen, y tendrás maíz para vender y conservar".
- "Trabaja mientras se llama hoy, pues no sabes los obstáculos que encontrarás mañana".
- "Un hoy vale por dos mañanas".
- "¿Eres tu propio dueño? Avergüénzate de pillarte ocioso cuando hay tanto que hacer por ti, por tu familia, por tu país y por tu rey".
- "La caída constante desgasta las piedras; por la diligencia y la paciencia el ratón se comió en dos el cable, y pequeños golpes derribaron grandes robles".
- "Emplea bien tu tiempo si quieres ganar tiempo libre; y, ya que no estás seguro de un minuto, no desperdicies una hora".
- "Nunca vi un árbol a menudo removido, Ni una familia a menudo removida, que prosperara tan bien como los que se establecieron".
- "La falta de cuidado nos hace más daño que la falta de conocimiento".

- "Confiar demasiado en el cuidado de otros es la ruina de muchos; pues, en los asuntos de este mundo, los hombres se salvan, no por la fe, sino por la falta de ella"; pero el cuidado de un hombre es provechoso; pues, "Si quieres tener un siervo fiel, y que te guste, sírvete a ti mismo".

- "Un pequeño descuido puede engendrar grandes males; por falta de un clavo, se perdió la herradura; por falta de una herradura, se perdió el caballo; y por falta de un caballo, se perdió el jinete"; siendo alcanzado y muerto por el enemigo; todo por falta de un pequeño cuidado sobre un clavo de herradura".

- "Esto en cuanto a la industria, amigos míos, y la atención a los propios negocios; pero a éstos, debemos añadir la frugalidad si queremos que nuestra industria tenga un éxito más seguro".

- "Si queréis ser ricos, pensad en ahorrar, además de en obtener. Las Indias no han hecho rica a España porque sus salidas sean mayores que sus ingresos".

- "Las mujeres y el vino, el juego y el engaño, hacen pequeña la riqueza y grande la carencia".

- "Lo que mantiene un vicio criaría dos hijos".

- "Ten cuidado con los pequeños gastos. Una pequeña fuga hundirá un gran barco".

- "Compra lo que no necesitas, y dentro de poco venderás tus necesidades".

- "Cuando el pozo está seco, se conoce el valor del agua".

- "Si quieres conocer el valor del dinero, ve y trata de pedirlo prestado; porque el que va a pedir prestado, va a lamentarse".

- "Es más fácil suprimir el primer deseo que satisfacer todos los que le siguen".

- "Los barcos grandes pueden aventurarse más, Pero los pequeños deben mantenerse cerca de la orilla".

- "La mentira cabalga sobre la espalda de la Deuda: mientras que un inglés de nacimiento libre no debería avergonzarse ni tener miedo de ver o hablar con ningún hombre vivo".

- "Es difícil que una bolsa vacía se mantenga en pie".

- "Los acreedores tienen mejor memoria que los deudores; los acreedores son una secta supersticiosa, grandes observadores de los días y tiempos establecidos".

- "Consigue lo que puedas, y lo que consigas retener, es la piedra que convertirá todo tu plomo en oro".

- "La experiencia es una buena escuela, pero los tontos no aprenderán en ninguna otra".

Citas Importantes de Benjamin Franklin

- "Nunca confundas Movimiento con Acción".
- "Si fuera católico romano, tal vez en esta ocasión juraría construir una capilla a algún santo, pero como no lo soy, si tuviera que jurar algo, sería construir un faro".
- ".Habrá suficiente sueño en la tumba".
- "Cuando el pozo está seco conocemos el valor del agua".
- "La lectura era la única diversión que me permitía".
- "Los que renuncian a la libertad esencial, para comprar un poco de seguridad temporal, no merecen ni la libertad ni la seguridad".
- "Aquel que te ha hecho una vez un favor, estará más dispuesto a hacerte otro, que aquel a quien tú mismo le has hecho un favor".
- "En realidad, no hay, quizás, ninguna de nuestras pasiones naturales tan difícil de dominar como el orgullo. Disfrázalo, lucha con él, derríbalo, ahógalo, mortifícalo tanto como quieras, sigue vivo, y de vez en cuando asomará y se mostrará; lo verás, tal vez, a menudo en esta historia; porque, incluso si pudiera concebir que lo he superado completamente, probablemente estaría orgulloso de mi humildad".
- "Mis padres me dieron tempranamente impresiones religiosas, y me educaron durante mi infancia en el camino de la disidencia. Pero apenas

tenía 15 años cuando, después de dudar por turnos de varios puntos que encontraba discutidos en los diferentes libros que leía, empecé a dudar de la propia Revelación. Cayeron en mis manos algunos libros contra el Deísmo; se decía que eran la sustancia de los sermones predicados en las conferencias de Boyle. Sucedió que causaron en mí un efecto muy contrario al que pretendían: Porque los argumentos de los deístas que se citaban para ser refutados, me parecían mucho más fuertes que las refutaciones. En resumen, pronto me convertí en un deísta convencido".

- "Es difícil que un saco vacío se mantenga erguido".
- "Los trucos y la traición son la práctica de los tontos, que no tienen cerebro suficiente para ser honestos".
- "Sólo un pueblo virtuoso es capaz de ser libre. A medida que las naciones se vuelven corruptas y viciosas, tienen más necesidad de amos".
- "Si deseas informarte y mejorar con el conocimiento de los demás, y al mismo tiempo te expresas tan firmemente fijado en tus opiniones actuales, los hombres modestos y sensatos, que no aman la disputa, probablemente te dejarán imperturbable en la posesión de tu error".
- "Acostarse temprano y levantarse temprano hace a un hombre sano, rico y sabio".
- "Tan conveniente es ser una criatura razonable, ya que le permite a uno encontrar o hacer una razón para todo lo que tiene la intención de hacer".

- "Un hombre es a veces más generoso cuando tiene poco dinero que cuando tiene mucho, quizás por miedo a que se piense que tiene poco".
- "Un carácter perfecto puede ir acompañado del inconveniente de ser envidiado y odiado; y que un hombre benévolo debe permitir algunos defectos en sí mismo, para mantener a sus amigos en el ánimo".
- "No hay ganancias sin dolores".
- "Cuánto más de lo necesario gastamos en dormir, olvidando que el zorro dormido no caza aves de corral, y que habrá suficiente sueño en la tumba, como dice el pobre Richard".
- "Me convencí de que la verdad, la sinceridad y la integridad en los tratos entre hombre y hombre eran de la mayor importancia para la felicidad de la vida".
- "Que, como disfrutamos de grandes ventajas gracias a las invenciones de otros, deberíamos alegrarnos de tener la oportunidad de servir a otros con cualquier invención nuestra; y esto deberíamos hacerlo libre y generosamente."

Apéndice

El Silbato

A Madame Brillon

Passy, 10 de noviembre de 1779.

Me encanta su descripción del Paraíso, y su plan para vivir allí; y apruebo mucho su conclusión de que, mientras tanto, debemos sacar todo el bien que podamos de este mundo. En mi opinión, todos podríamos sacar más bien de él de lo que hacemos, y sufrir menos mal, si tuviéramos cuidado de no dar demasiado por los silbidos. Porque a mí me parece que la mayoría de las personas infelices con las que nos encontramos, lo son por descuidar esa precaución.

¿Preguntas a qué me refiero? Te encantan las historias, y disculpa que te cuente una de mí.

Cuando era un niño de siete años, mis amigos, en unas vacaciones, me llenaron el bolsillo de monedas de cobre. Fui directamente a una tienda en la que vendían juguetes para niños; y estando encantado con el sonido de un *silbato,* que encontré por el camino en manos de otro niño, ofrecí y di voluntariamente todo mi dinero por uno. Luego llegué a casa y me puse a silbar por toda la casa, muy contento con mi *silbato,* pero molestando a toda la familia. Mis hermanos, hermanas y primos, comprendiendo el trato que había hecho, me dijeron que había dado por él cuatro veces más de lo que valía; me hicieron pensar en las cosas buenas que podría haber comprado con el resto del dinero; y se rieron tanto de mí por mi locura, que lloré de disgusto; y la reflexión me dio más disgusto que el *silbido* me dio placer.

Sin embargo, esto me sirvió después, pues la impresión continuó en mi mente; de modo que a menudo, cuando me sentía tentado a comprar alguna cosa innecesaria, me decía a mí mismo: *"No des demasiado por el silbato"*; y ahorraba mi dinero.

Cuando crecí, vine al mundo y observé las acciones de los hombres, me pareció encontrarme con muchos, muchísimos, que *daban demasiado por el pito*.

Cuando he visto a uno demasiado ambicioso del favor de la corte, sacrificando su tiempo en la asistencia a los diques, su reposo, su libertad, su virtud, y tal vez sus amigos, para conseguirlo, me he dicho: *Este hombre da demasiado por su silbato*.

Cuando vi a otro aficionado a la popularidad, que se empleaba constantemente en los ajetreos políticos, descuidando sus propios asuntos, y arruinándolos por descuido, *paga, en efecto*, dije, *demasiado por su silbido*.

Si conociera a un avaro que renunciara a toda clase de vida cómoda, a todo el placer de hacer el bien a los demás, a toda la estima de sus conciudadanos y a las alegrías de la amistad benévola, por acumular riquezas, *Pobre hombre*, dije, *pagas demasiado por tu silbido*.

Cuando me encontré con un hombre de placer, sacrificando toda mejora loable de la mente, o de su fortuna, a meras sensaciones corporales, y arruinando su salud en su búsqueda, *Hombre equivocado*, dije yo, *estás proporcionando dolor para ti mismo, en lugar de placer; das demasiado por tu silbido*.

Si veo a alguien aficionado a la apariencia, o a las ropas finas, a las casas finas, a los muebles finos, a los equipajes finos, todo ello por encima de su fortuna, por lo que contrae deudas, y termina su carrera en una prisión, ¡*Ay*! digo yo, *ha pagado caro, muy caro, por su silbido.*

Cuando veo a una muchacha hermosa y de carácter dulce casada con un bruto maleducado de marido, ¡*qué lástima*, digo, que *deba pagar tanto por un silbido*!

En resumen, concibo que gran parte de las miserias de la humanidad son provocadas por las falsas estimaciones que han hecho del valor de las cosas, y por *dar demasiado por sus silbidos*.

Sin embargo, debería tener caridad con estos infelices, cuando considero que, con toda esta sabiduría de la que me jacto, hay ciertas cosas en el mundo tan tentadoras, por ejemplo, las manzanas del rey Juan, que felizmente no se pueden comprar; porque si se pusieran a la venta en subasta, muy fácilmente podría arruinarme en la compra, y encontrar que una vez más había dado demasiado por el *silbato*.

Adiós, mi querido amigo, y créame siempre suyo muy sinceramente y con inalterable afecto,

B. FRANKLIN.

Una Carta a Samuel Mather

Passy, 12 de mayo de 1784.

Reverendo Señor,

Hace ya más de sesenta años que salí de Boston, pero recuerdo bien a tu padre y a tu abuelo, pues los he oído a ambos en el púlpito y los he visto en sus casas. La última vez que vi a tu padre fue a principios de 1724, cuando lo visité después de mi primer viaje a Pensilvania. Me recibió en su biblioteca, y al despedirme me mostró un camino más corto para salir de la casa a través de un estrecho pasillo, que estaba atravesado por una viga en lo alto. Seguíamos hablando mientras me retiraba, él me acompañaba detrás y yo me volvía en parte hacia él, cuando dijo apresuradamente: "*¡Inclínate, inclínate!* "No le entendí hasta que sentí que mi cabeza se golpeaba contra la viga. Era un hombre que nunca perdía la ocasión de dar instrucciones, y en ese momento me dijo: "*Eres joven y tienes el mundo por delante; agáchate al pasar por él y te perderás muchos golpes fuertes*". Este consejo, que se me metió en la cabeza, me ha servido con frecuencia; y a menudo pienso en él, cuando veo que el orgullo es mortificado, y que las desgracias caen sobre la gente por llevar la cabeza demasiado alta.

B. Franklin.